Naam:

I0477763

© 2019 Studio Landro. Alle rechten voorbehouden.

www.ingramcontent.com/pod-product-compliance
Lightning Source LLC
Chambersburg PA
CBHW071217220526
45468CB00002B/646
* 9 7 8 1 7 9 5 2 1 7 2 6 2 *